ХРОНІКА АДМАЎЛЕННЯ ПУСТАТЫ

Іллём Кульбіцкім
у гадах 2017–2024

Illa Kulbicki, *Chronika admaŭleńnia pustaty : 2017–2024*

Published by Skaryna Press, 2025
skarynapress.com

Рэдактар *Алесь Дуброўскі*

ISBN 978-1-915601-58-2

Copyright © Ілля Кульбіцкі, 2025
Copyright © Skaryna Press, 2025

АДМАЎЛЕННЕ

ад
    маў
        ляю

аднаўляю
    повязі слоўныя
адбудоўваю
    муры гукавыя
адпускаю
    значэнні з палону
аддаю
    мове належнае

аднаўляю
    сябе
    моваю

літарай
    дрэва й каменя
гукам
    травы й залевы
тонам
    Дняпра й Нёмна
словам
    пачатку й канца

адмаўляю
адпрэчваю
абвяшчаю няіснымі

краты твае
зброю тваю
пыху тваю
брыду тваю
пустату тваю
   цябе
твой цень
твой свет

I

ЛЯМПАЧКА

„Ненавіджу гэты сусвет", —
казаў электрык Міхалыч кожны раз,
калі лямпачка падала з ягоных рук на падлогу.

Зрэшты, ён увогуле ненавідзеў сусветы.
А тыя, у якіх лямпачкі, — асабліва.

БЕЛЛІТ-2023
кашмар у адных занятках

Час — каля „ленінскага камсамола". Дзея адбываецца ў класе. Парты стаяць, вучні гудуць, чырвона-зялёны сцяг вісіць, за акном нейкае нешта паўтара людскога.

З'ява I
Уваходзіць *Вучылка* — замучаная пахмеллем худая кабеціна з начосам. З размаху кідае на настаўніцкі стол метадычны дапаможнік, хрэстаматыю й журнал. Кніжкі падскокваюць і раскрываюцца, стол жахліва трашчыць. Шум у класе трохі прыцяхае, і Вучылка пачынае мармытаць у бок вучняў.

Вучылка:
здрасці садзіцесь
эм ну шо там на чом мы астанавіліcь
а ну да гняздо эта раскіданае
карочэ сяляне неслі асноўны цяжар
а янка купала хацеў рэвалюцыю
сацыяльна-вызваленчую а не вот эта ўсё
но смотрым мы на персанажаў
сідаронак ты што там дзелаеш ану убраў цацкі і слухай сюда
смотрым значыт мы на персанажаў
і хочацца спрасіць а ано вам нада
какойта незнаёмы пазваў за сабой і што
адзін сядзет за паджыгацельства
а каторая дзерава абнімае вабшчэ с ума сашла
хаця можна была спакойна ісці пабірацца
і не раскачываць лодку
а еслі на скрыпке умееш так дажэ дзенег дадут
на этай вясёлай ноце пішам сачыненіе
сматрыце крытыку на страніцы сто чатыры
за атсябяціну пастаўлю два

З'ява II
З хрэстаматыі выпростваецца Зоська Зяблік, высачэзная, злая бы чорт, у драных джынсах ды ў цішотцы з вясёлкаю, на галаве з пластыкавых ружанцаў вяночак. Выцягвае з паветра Сярпы Свае Сталёвыя, падыходзіць да Вучылкі ды б'е тую сярпамі па галаве. Сярпы ломяцца, Вучылка ў ступары. Колькі імгненняў Зоська таропіць вочы ў раскрыты метадычны дапаможнік; абломкі з ейных рук падаюць са звонам, бы да імшы ў нядзелю. У павіслай цішыні вучні з задніх партаў крадуцца да выхаду. Зоська павольна паварочваецца тварам да класа.

Зоська:
Поўны гняздзец.

Заслона

БАЙНЭТ-БЛЮЗ

Я аднойчы зайшоў у сеціва,
    а там дзялілі шкілет.
Суседзі яго адкапалі, мама,
    а тут дзялілі шкілет.
Хтосьці роў: „Цягніце сюды героя,
    каб не пыліўся ў зямлі!" —
А ў адказ крычалі: „Кіньце дурное,
    закапайце там, дзе ўзялі!"
Мне закарцела пайсці на вакзал
    і набыць падалей білет.

А зайшоў я наступным разам —
    а там цкавалі дзіця.
Правыя з левымі збіліся ў кучу, мама,
    і ўсе цкавалі дзіця:
„Не слухайце шведскую недавучку,
    жыццё ёй мазгоў не дало!" —
„Хоць п#цін — пачвара, ды з ім я згодны:
    яна — сапраўднае зло!"
Я выйшаў на лесвічную пляцоўку
    і адрубіў святло.

А праз тыдзень там жа — настаўніца
    махала сталом.
Дзяўбла крывавую ежу, мама,
    і сумна махала сталом.
„Ды той шчанюк, пэўна, сам вінаваты,
    плача па ім турма!" —
„Ай-яй-яй, няхай бы толькі сталом,
    а навошта ж расейскі мат?"
Я пайшоў у лес, каб здабыць асінавы кол
    і адкапаць аўтамат.

Цяпер вось кажуць, што перапіс
    па краіне йдзе.
Я думаў, ідуць дажджы — а не, гэта перапіс
    па краіне йдзе.
„Хай кожны запісваецца беларусам,
    каму надышла чарга —
і згода ўсталюецца на зямлі,
    і не прыйдзе баба-яга!"
Я згадаў усё папярэдняе
    ды сказаў: „Ага…"

З КАНДРАТА КАНАПЛІ

*

Было на ўскрайку горада балота.
Ў балота пасадзілі кашалота.
Сказалі: „Ты цяпер балотны бог!"
А кашалот зірнуў на іх і здох.

*

Аднойчы вырашыў народ:
„Хай прыйдзе сіні Слагемот!
Бо нам зялёны Зелянбуд
Папілаваў ужо ўсе дрэвы тут".

А толькі ўрэшце ўсё адно
Прыйшло чырвонае #####

ПАРТАЛ

казалі, што ў скверы каля універа,
у тым, дзе статуі медныя,
праз люк адкрываўся партал пяцімерны
ў самую апраметную

аднак жа, калі я ў той люк пагрукаў,
то ніякага не адчуў эфекту —
але не таму, што зламаўся люк, а
таму, што пераехала пекла
ў палац незалежнасці

З УГОДКАВЫХ НАСТРОЯЎ

Радаснае свята, светлы Хелавін!
Весела вылазяць трупы з дамавін;
Ухапіць паветра — і назад у дол:
Спознішся — зацягне страшны Камсамол.

Курапатазнаўцы лекцыю вядуць,
Курапатаеды на касцях ядуць;
Крочыў лесам прывід, ды ў ігліцу хлоп! —
З-за сасны выходзіць Курапатароб.

Не паспеў вярнуцца зомбі давідна —
І яго магілу з'еў Спецкамбінат.
Сумна ўсе святыя дзівяцца здалёк:
„Хай бы проста пекла — тут жа ў іх Савок!"

ВОСКРЕСЕНІЕ
навагодні зомбі-хорар

Пад Новы год ваўкі не вылі,
Прымоўклі сыч і казадой,
А дзеці на старой магіле
Гукалі дзеда з барадой.
Яны стаялі шчыльна ў крузе,
Заклён спяваючы пад нос;
Было ўсё роўна ім: хоць Зюзя,
Хоць Сантаклаўс, хоць Дзедмароз.
Але таму, што Грышка Букін
Паблытаў словы ў мантры той,
Не Пэрнуэль, не Ёўлупукі —
З магілы вылез… Леўталстой.
Гнілы! Шалёны! Дзеці ў страху
Пабеглі, ўзняўшы крык і плач,
А ён жывую чарапаху
Шпурнуў у спіны ім, як мяч.
Грымелі косці, быццам кеглі,
Як ён выходзіў за цвінтар;
На шум дарослыя прыбеглі,
Садовы ўзяўшы інвентар, —
А ён сказаў ім: „Грубай сілай
Змагацца нельга вам са злом!" —
Паадбіраў сякеры й вілы
І ногі завязаў вузлом.
Тады ж праз лес ён шлях нагледзеў —
І там, каб пешкі не ісці,
Загнаў лася і трох мядзведзяў,
Нібыта жонку пры жыцці;
А потым, праз палі ў тумане
Цягнуўшы ногі давідна,
Прыйшоў пад горад на світанні,
І гораду была б хана —

Ды дворнік Хведар, малайчына,
Заўважыў, як магільны фрык,
Злавіўшы, нейкую жанчыну
Цягнуў на рэйкі пад цягнік.
І ён падкраўся пехатою
Ды, быццам воўка дрывасек,
На дзесяць дробных леўталстоеў
Таго рыдлёўкаю пасек.
Вох, верашчаў мярцвяк закляты —
Як статак дзікіх парасят!
А дворнік той прыйшоў дахаты
І накаціў сто пяцьдзясят.
…Зіхцяць бярозы белым веццем,
На снезе голуб піша ліст,
І не псуе Каляды дзецям
Паганы рускі рэаліст.

КАВА

Абавязкова заўжды зважайце,
якую менавіта каву бераце.

Не бярэце ніколі тое зерне,
якое забылася на імя сваёй гары
ды на рукі фермера,
як вы забыліся на ўласную мову.

І такога зерня пазбягайце,
што перасмажана да неадметнасці,
як неба ўвосені над вашай чыгункай
між ліцейным цэхам ды ЦЭЦ.

І пакіньце на паліцы тое,
што заляжалася ды счарсцвела,
як тыя пластыкавыя кветкі
ля ног бронзавага балвана
на вашай цэнтральнай плошчы.

Ды не бярэце кубка з рук
у тых, хто будзе казаць:
„А вось у нашым калгасе
свойская кава заўжды такая", —
пэўна ж, на бульбу падобная,
як ваш падзел уладаў
ці безбар'ернае асяроддзе.

Калі ўсё навокал абралі да вас,
дык хаця б каву сабе абярэце самі.

ЭМІГРАЦЫЯ

Здабыўшы візу доўгатэрміновую,
Прайшоў кароткі курс шэнгенскай мовы я,
Ды толькі здаць іспыт ужо не змог,
Бо з'еў мяне шарсцісты насарог.

А ўсё адно — знайшлася мне дарога!
Я ўжо не тут.
(Я — ў дупе насарога!)

II

ПАМЯЦЬ

Шматкроць я намагаўся належным чынам
Спусціцца шляхам памяці ў час мінулы,
Знайсці і азірнуць закануркі цемры —
Калі здаваўся марным чарговы ранак,
Калі сціскала голаў неразуменне
Ды ўсё шчыльней сціскалася кола іншых;
Ці змог бы я сягоння, нібыта ў горне,
Цямрэчу растапіць, каб здабыці срэбра,
Альбо спаліць дашчэнту, каб толькі іскры,
Падхопленыя ветрам, праз ноч ляцелі?..
Ды, колькі ні гляджу, бачу толькі сонца,
Якое ў тыя дні гэтаксама ззяла,
Як сёння, і як тысячы год дагэтуль,
І як у дзень, калі на адну хвіліну
Ў акно маё зірнуў Валадар Сусветаў.

3 ЦАР. 19:11

І гэта праўда, што Ён не ў землятрусе,
І не ў агні, і не ў буры — ў лёгкім ветры,
Альбо ў праменьчыку травеньскага сонца,
У руху ледзьве прыкметным між лістоты,
У збегу нот з улюбёнае кружэлкі,
У нейкай рэпліцы шчырай, нечаканай,
У тым пачуцці, якое ты не ўцяміш,
Але адразу пабачыш — і згадаеш —
У Дабравесці Яго паміж радкоў.

То ж не дзівіся, калі Яго не бачна
Паміж арлоў, двухгаловых альбо белых,
У чадзе свечак, запаленых бяздумна,
Пад клабукамі бязвокага сабору,
Між крыважэрных нібы-адзінаверцаў…

Бо гэта пройдзе, як праміне бура,
А Ён — заўсёды, паўсюль — у лёгкім ветры,
І валадарству Яго няма канца.

ПА ВАДЗЕ

Мы з табою крочым пешкі па вадзе,
і яны таксама крочаць па вадзе.

Кажаш: „Мы не тонем, таму што з намі Бог,
а яны не тонуць, бо яны — гаўно".

І далей наперад крочым па вадзе,
ды трашчыць раз-пораз пад нагою лёд…

ХРОНІКА

Як вяло іх Слова за браму места, палымнелі вочы іх, быццам зоры, і, пачуўшы крокі іх, беглі ў жаху лютыя звяры ды ліхія духі.

Доўга праставалі яны на поўнач, толькі ўсё ж зазналі нарэшце стому; і, прывал зрабіўшы ў бязлюдным месцы, сталі аглядацца яны навокал і сказалі так: „Ёсць на ўсё часіна: час ісці наперад і час — угору. Даспадобы нам гэты ўскраек лесу: тут паўстане Дом, асвячоны Словам!"

Спрытна за работу яны ўзяліся — хутка ўзняўся Дом іх вышэй за сосны; і, накрыўшы гонтамі дах высокі, ў Дом яны ўвайшлі з веляхвальным спевам. З імі разам Слова ўвайшло ў пакоі — ды ясней за сонца заззялі сцены, і з тае пары па-над дахам Дома слуп святла да неба зіхцеў штоночы. Гэткі знак было не заўважыць цяжка; да яго зусюль пралеглі сцяжыны, і пачаў сяліцца абапал Дома люд, які дагэтуль не чуў пра Слова, і ў сам Дом прыходзілі сія-тыя, каб паслухаць мудрасці асвячоных.

Час жа йшоў надалей сваім парадкам; састарэлі нейкія з іх ды ўмерлі. І тады астатнія мелі раду між сабою, ды гаварылі гэтак: „Чалавечы век на зямлі кароткі; што, як з нас нікога не застанецца? Наша цела — кепскі сасуд для Слова, трэба больш надзейна Яго схаваць".

І яны ў вялізнай і цяжкай кнізе запісалі Слова таемнай мовай, кнігу ж сцягнулі папругай ладнай ды замок сталёвы прымацавалі, а тады абралі пакой у Доме, ў самай глыбіні калідораў цёмных — там усталявалі вялізны куфар, у які з пашанай паклалі кнігу. Куфар зачынілі, і ключ схавалі, і пакой на засаўку завалілі, і туды заходзілі ў год аднойчы — толькі спраўдзіць, што шчэ на месцы куфар. Ад тае пары ўсё радзей з'яўляўся слуп святла да неба над дахам Дома; а народ прыходзіў, як і дагэтуль, каб паслухаць мудрасці асвячоных.

І аднойчы здарылася такое — запытаўся з прышлага люду нехта: „А ці ёсць адзіны закон у свеце, першы ды найвышні з усіх законаў, каб яго выконваць — і шчасце мець на зямлі ды ў вечнасці не прапасці?"

Тут яны задумаліся надоўга: ў памяці не мелі яны адказу. І тады падняўся разумнік нейкі і сказаў: „Я памятаю дакладна: трэ заўсёды гэтак з людзьмі рабіці, як дагэтуль людзі рабілі з вамі". Іншыя сказалі: „Падобна, праўда; годныя прыняцця такія словы".

Гэтак між сабой пачалі рабіці — ад таго напоўніўся Дом іх гвалтам, і не ззяла болей святло над Домам, а вісела хмара штодня над дахам. А яны казалі: „Мы маем Слова; што за справа нам да нябесных знакаў? Хай дазнае кожны: ні сонца ўночы, ані цемра ўдзень нам не зробіць стра́ху!" Бачачы іх веру, народ дзівіўся; а таму не менела ў Доме люду, што туды прыходзіў з мясцін суседніх, каб паслухаць мудрасці асвячоных.

І па часе здарылася такое — запытаўся з прышлага люду нехта: „Кажуць, што любіці патрэбна бліжніх, за сябе вышэйшым лічыці брата — ці пра ўсіх людзей на зямлі так кажуць? Хто з народа — бліжні, а хто — нябліжні?"

Зноў яны задумаліся надоўга — ў памяці не мелі яны адказу. І тады падняўся разумнік нейкі і сказаў: „Я памятаю дакладна: кожны нам таварыш і брат навекі, на'т галаварэз ці тыран бязбожны — толькі той не брат, а падступны вораг, хто не так кахае, як мы навыклі. Гэткіх варта гнаць адусюль мятлою ды чыніць ім крыўду на ўсякім месцы!"

Хтосьці усумніўся ў вучэнні гэткім — большасць жа сказала: „Гаворыш добра!" І яны, дастаўшы паперы аркуш, запісалі тую на ім прамову ды, па хатах ходзячы, колькі тысяч подпісаў сабралі пад той паперай. А наверсе хмара брыняла мрокам — дый нарэшце шуснула з неба вобзем, ахінула Дом, і ягоных сценаў не сягаў цяпер аніводзін промень. Стала меней люду, які прыходзіў, каб паслухаць мудрасці асвячоных; гэтыя ж казалі: „Мы маем Слова — цемра не агорне Яго давеку! Хай цяпер да сцен падступае морак, будзе ў сценах Дома заўсёды ясна!"

Так яны казалі і ў год наступны — сама той, калі пачалася пошасць. Шмат людзей скасіла хвароба тая, ад канца зямлі і да краю свету, і пазамыкаўся народ па хатах, каб таксама не падхапіць заразу. А яны ізноўку: „Мы маем Слова — боязі ж не маем перад хваробай! А таму праз тыдзень мы зладзім свята; хай да нас без страху прыходзіць кожны!"

Ды нарэшце з прышлага люду нехта падышоў пад сцены і гучна мовіў: „Ходзяць чуткі пэўныя ў наваколлі, што між вас памерлыя ёсць таксама; то ж, каб больш не шырылася зараза, час вам схамянуцца й адкласці свята!"

А з акна наверсе разумнік нейкі, высунуўшы лыч, закрычаў шалёна: „Хто такі ты, што нас прыйшоў вучыці? Мы тут Слова маем — ты ж маеш дулю! Што з таго, што нехта памёр у Доме? Бачыш, ёсць таксама між нас жывыя! Хто памёр — памерлі за грэх уласны: пэўна, забаяліся — вось і вынік! Я ж табе кажу: будзе так з усімі, хто да нас на свята прыйсці збаіцца! Бо жыццё — у Слове, а Слова — ў Доме; больш нідзе Яго не было й не будзе!"

Не паспеў ён нават дагаварыці — стрэслася зямля, загудзелі нетры, і вятрыска ўзняўся наўкола Дома, з даху абрываючы долу гонты.

Як жа сціхла ўсё, хтось прамовіў іншы: „Нейкую лухту ты сказаў, здаецца. Гэты Дом на нашым вяку з'явіўся — Слова ж вечна ёсць і гучыць, дзе хоча". І сказалі іншыя: „Праўда гэта; збочылі са шляху мы ў думках нашых! Што ж тады рабіць нам? Незразумела; пэўна, час звярнуцца да Кнігі Слова".

І яны, сышоўшыся ўсёй гурмою, рушылі з трымценнем у сэрца Дома з мэтай адамкнуці пакой таемны — ды перад дзвярыма аслупянелі: засаўку нібыта асілак выдзер, дзверы ж на завесе адной віселі.

А зайшлі ў пакой, трасучыся з жаху — млосна ім зрабілася там адразу: куфар трохпудовы стаяў без века, а падлогу ўкрылі аскепкі дошак.

Зазірнулі ў куфар яны нарэшце — кніга некранутая там ляжала, ды на ёй папруга згарэла ў попел, а замок сталёвы аплыў, як свечка.

А калі ўзнялі ды раскрылі кнігу — ледзьве не ўпусцілі яе з далоняў: літары знікалі з-пад пальцаў іхніх, аж пакуль ніводнай не засталося; чыстай белатою папера ззяла, бы ніхто на ёй не пісаў ніколі.

І, адклаўшы кнігу і ўпаўшы ніцма, пачалі яны галасіці нема — і не чулі, як зашумела ў соснах Слова, што зрабілася вольным ветрам.

АПАФАТЫКА

А Ён — не літара,
бо ў Ім усе альфы й амегі
        ды юсы малыя з вялікімі.
І Ён — не сцяг,
бо былі пасаромленыя тыя,
        хто прымацаваў Яго да дрэва.
І Ён — не сцяна,
бо праз Яго ўваходзяць
і пашу знаходзяць
    усе авечкі, і козы,
        і вожыкі з тысячы пушчаў.
Але Ён — рэвалюцыя,
і таму немагчыма
      крочыць па Ім —
          і не быць рэвалюцыяй.

ВЫ

Каб гаворка йшла толькі пра мільён дукатаў, вы б яшчэ маглі задумацца. Але калі ўжо вы пачулі словы „эліксір несмяротнасці" — то якое там...

Нікога з вас не напужае ані шлях за тры моры, ані неабходнасць біцца з тысячаю тубыльцаў — наадварот, вашым хлопцам толькі дай пакрышыць каго-небудзь у капусту.

І наўрад ці вы павернеце назад, калі адзін з дружыны ўваліцца ў рачулку з піраннямі, а другога раздушыць каменем перад варотамі храма.

Магчыма, трохі засумнеяцеся ўнутры, калі каменныя гаргуллі, зляцеўшы са сценаў, схопяць вашага капітана, уздымуць пад столь і метадычна раздзяруць на шматкі. Але ж рызыка ёсць рызыка, узнагароду трэба заслужыць, і ўсе вы добра ведалі, на што йшлі.

Пэўна, штосьці гэткае вы будзеце казаць адно аднаму ў кожным наступным пакоі, зноў і зноў губляючы ў хітрамудрых пастках таварышаў — і ўсё роўна йдучы наперад.

Але сапраўды страшна вам стане ў пакойчыку з двума рычагамі на сцяне й дзвюма хісткімі плітамі перад імі. Тады злева ўстанеце вы, справа — двое апошніх байцоў вашае дружыны, і вы ўсе разам ухопіцеся за рычагі — і пліта справа абрынецца ў бездань, а злева кавалак сцяны адсунецца ўбок, адкрываючы праход. І кроў пахаладзее ад жаху, і калені пахіснуцца, і вы на колькі хвілін замраце, не ў змозе крануцца з месца.

Але ўсё-ткі вы возьмеце сябе ў рукі і зробіце крок, і ненадоўга вам падасца, што разам вам хопіць моцы завяршыць падарожжа. Ненадоўга — бо па той бок праходу вас стрэне месяцова-белы дух з буслінаю дзюбаю, і ён рынецца наперад, і пройдзе наскрозь праз вашыя грудзі, і забярэ з сабою вашую запасную асобу — а вашая ўяўная палюбоўніца сама ўцячэ са страху.

Вось тады застаняцеся адзін толькі Вы — Іх Светласць Герцаг Самаданскі, Уладар Бабрадору ды Вялікіх і Малых Кілімаў. І за спінаю бразнуць цяжкія дзверы, а наперадзе Вы пабачыце толькі бяскрайнюю, бяздонную прорву.

І калі Вы ў адчаі ўпадзяце на калені ды пачняце маліць аб дапамозе — тады сцены здрыгануцца, і голас, падобны да грому, загучыць адусюль і ніадкуль і спытае:

„ХТО

    ТЫ?"

Які тады будзе адказ, *Ваша* Светласць?

МАСЛЕНІЦА

выклікаў таксоўку
думаў спазняюся
на Страшны суд

аказалася яшчэ гадзіна
да канца свету

а тут і дрэва зацвіло

III

АРХІПЕЛАГ

глядзеце, вочы, глядзеце
вада камень дрэва аблокі камень вада
камень у вадзе ў дрэве вада ў аблоках камень
адсюль і давеку ад полюса да экватара
толькі кавалачак небакраю
неўзабаве сарамліва расчырванеецца
намякаючы, што дзесь там ёсць гарады
а хутчэй гэта проста тролі
ладзяць свята ды паляць вогнішчы
звычайныя тролі вялізныя мохам парослыя
вось як гэтыя два што ляжаць нерухома пры сцежцы
не будзéце іх, мае вочы

слухайце, вочы, слухайце
вада замест солі набіраецца музыкі
нячутнай ды нечуванай
вугальна-чорныя гукавіды соснаў у люстры блакіту
хваляграма самотнага чоўна на роўнядзі змяркання
нота ў сшытку — птушка якую сыграць забыліся

танцуйце, вочы, танцуйце
ноч рассякае хвалі
ноч апранае ўбор танцоркі
ніводзін страз не ўпадзе з чорнага аксаміту
вада іх трымае чорная аксамітная
з ноччу вітаюцца іншыя караблі гэтаксама ўбраныя
вугальна-чорнае люстра ўзнаўляе гукавіды соснаў
гнуткі месяц выцягвае пальцы ног
сорак восем тактаў з усходу да захаду

кранайце, вочы, кранайце
воўна авечак што скубуць першыя промні
воўна туману што паволі набракае святлом

воўна дарогі прыбітая злёгку расою
усё з аднае наймягчэйшае кудзелі
іншая толькі намаразь на траве
калючая бы цукровая вата па-за сезонам

забудзьцеся, вочы, забудзьцеся
на шэрыя хмары ды сцены
на злыя навіны ды твары
толькі на гэтую ноч
толькі на гэты дзень
зрабецеся, вочы, зрабецеся
вачыма
казулі што спрытна скокнула з-пад самых ног

ЛУЖЫНА

калі глядзіш у вялікую лужыну на дарозе
і бачыш адно толькі неба,
такое бяздоннае,
і думаеш:
„адзін толькі крок — і патонеш", —
дык гэта, пэўна, хтось сапраўды
патануў
у іншай, глыбейшай, лужыне,
і гэтае неба цяпер ягонае

ВЕЧАР

з нябеснага збанка
        ў рошчыну вуліцы
              ліецца зіхоткае
топленае масла

не пайду вонкі
        боты ў яго мачаць

працягну лепей сподачак за акно

РАМАНТЫЗМ

Поўня ў Коўне.
ЛОСЬ
     у чоўне
Не спяшаючы плыве.
Знізу Нёман паўнакроўны,
Зверху — рогі ў галаве.
Ззяюць вочы, быццам зоры,
І трапеча паліто;
Хоча ён даплыць да мора —
Сам не ведае нашто…
А на беразе рабочы
Будзе помніць доўга шчэ,
Як на тле літоўскай ночы
ЛОСЬ
     атрамантам блішчэў.

ЗАВІРУХА

Завіруха кварталамі крочыць-брыдзе,
Між пагоркаў, закутых у латы-дамы,
У асфальтавых рэчышчах рэдкіх машын
Замятае сляды — снегаруч, ветраножм —
І разгортвае белае крылле наўсцяж,
Каб ад зроку людскога надзейна схаваць
Гонкіх кранаў шкілеты і гмахаў вярхі,
Дый нямоглае ў вокнах насупраць святло;
Колькі хопіць вачэй — толькі мройная бель,
Толькі прывідны збіцень льюць ліхтары,
Толькі белыя мухі лятуць на яго
Ды кружляюць, мяшаючы „ўніз" і „ўгару",
Круцяць голаў яны бедакам-мінакам…
Ці заўважыць хоць нехта ў віхуры такой,
Як Прачыстая долу сыходзіць з герба
І над снегам ляціць — дзіваруч, танцанож, —
Дакранаецца пальцам да шапак людзей,
Зазірае ў вокны маркотных кватэр,
Ды шторух выпраўляе няўлоўнае штось,
Неўпрыцям ацаляе прастору і час,
Атрасае са стомленых сэрцаў тугу,
Сее зерне, што ўзыдзе ў вясну-паслясвет?
Не, не бачыць ніхто, не зважае ніхто;
Завіруха брыдзе?.. Завіруха брыдзе…

ФОТААЛЬБОМ

без дзіцячых арэляў ля берага мора,
без малюткі-каплічкі над берагам мора,
без гары-велікана, што бачна праз мора,
без смугі, што рассыпала промні па моры,
і без макаў, што кроў пралівалі у мора,
не вярнулася б мора
                    ў горад, яму незнаёмы,
між лясоў ды балот,
            якія не памятаюць,
як сыходзіла з гэтага краю
мора

ТАНКА

як пыл над токам
па-над дахамі плыве
зыркая хваля
праз колькі хвілін і тут
распачнецца малацьба

зыбкі нотны стан —
дзе ж падзеліся ноты?
хутка знойдуцца:
у пераход спусціся
і націсні на тормаз

а што ўсе памром
дык пра тое без мяне
ёсць каму сказаць
дрэмле ровар залаты
шэры кот глядзіць з нябёс

ХОКУ

узыход поўні
кроны золатам працяў
будзе лістапад

выстылым полем
крочыць неба, смерчамі
перабірае

шэрань скавала
трыпутнік, як і мяне
павітаемся

месяц баявік
пакуль што без двукосся
пасыпаўся град

мроя ці ўспамін?
пахкія магноліі
перад бураю

човен закруціў
першага красавіка
вецер-жартаўнік

правісеўшы год
на шыбеніцы, душа
па́дае ў восень

дзе скончыўся свет
там палае лістапад
арабінамі

ЛУГ

грамада конікаў лугавых
звыкла заўважаць
насенне
што па́дае долу

будзе каму засведчыць
словы
калі ўпадуць міма вушэй

ТРАМВАЙ

глядзіцца неба ў трамвай сустрэчны
мінае неба пусты прыпынак
у залачоным яго блакіце
танцуюць джыгу слупы-іголкі
гляджу ў прашыты трамваем горад
зашыты ў неба ўдыхаю горад
мінай прыпынак сустрэчны горад
ашчэр іголкі ў пустэчу горад
хай будзе джыга тваім блакітам
на залачоных трамвайных струнах
хай будзе неба тваім трамваем
хай чуе шые глядзіць танцуе
хай сёння заўтра тваё навекі
хай будзе з'явіцца прыйдзе стане

IV

МОРА

калі мора вяртаецца
яно не падступае спакваля
але разліваецца імгненна
ад усходу сонца да захаду

калі мора вяртаецца
ягоныя белыя грабяні
расфарбаваны крывёю
часу, які заходзіць

калі мора вяртаецца
над ім не ўладнае прыцягненне
і яно ўзбіраецца на пагоркі
і абрынаецца ў даліны
дзе й калі захоча

калі мора вяртаецца
яно здольнае сыходзіць пад зямлю
і зямля трасецца
з першага дня й да сёмага

калі мора вяртаецца
яно застаецца

ВАТЫКАНСКІЯ ШАХМАТЫ

ружовы слон
(у сэнсе біскуп)
прыбыўшы з f2 на b6
уручыў сіняму казлу
(у сэнсе каню)
даверчую грамату

партыя прыпынена
пакуль конь
не злезе з дошкі сам

ДАМБРОЎКА

калі йдуць прапаведаваць сцяг

сыходзяцца пры пустым месцы
пакуль ліхтары вагаюцца
свяціць ці ўстрымацца

ломяць зефір
набіраюць рэшты
дванаццаць кашоў

пераказваюць адзін аднаму
жахі сівой двухмесячнай даўніны
каб стрымаць абяцанне
і не забыцца

чакаюць
разам з ветрам
пакуль не стане немагчыма
чакаць

з'яўляюцца неўпрыцям
з чэрава двара
скрозь зубы стаянак

робяцца вушамі вуліцы
робяцца вачыма вуліцы
робяцца святлом вуліцы
робяцца голасам вуліцы

вецер танцуе
чырвоным і белым
паветра гудзе
чырвоным і белым

лісток дуба
што ўзыдзе потым
спявае пра перамогу
якую памятае

ДОЖДЖ НА ДЗЯДЫ

змакрэлы вечар
не меў у сабе адказу
чаму так
і
колькі яшчэ

але гэты дождж
гэты змрок
гэтае лісце
гэты Бог

так неўтаймоўна смяяліся

не з тых хто дайшоў
не з тых хто ўцёк
не з тых хто не ўцёк
не з нас

і я смяяўся таксама

АДЫХОД

калі вы нарэшце
будзеце адыходзіць шыхтам
на месца пастаяннай дыслакацыі
ў пекла
арханёл Міхаіл
рагочучы
пабяжыць за вамі са сцягам

ТУРМА. СЦЕНЫ

у пацучыным царстве
за сотняю дзвярэй

лятучая рыба ў пагоні за ластаўкай
сям'я марскіх кароў
цьмяны шэраг цікаўных зданяў
            паміж арлом і аднарогам
хмарка з тварам паэта
насцярожаны жаўтавокі мядзведзь
белы анёл разбурэння
шэры анёл аднаўлення
русалка што хаваецца ў сінім боце
воблачны святар які падаé Дары
            дзяўчыне ў зялёнай хустцы
крылаты лось які з'язджае з горкі

разам чакаюць
сканчэння сцен
і паветра будучага веку

ХІБА

і потым яны таксама будуць казаць
мы нічога кепскага не рабілі

хіба толькі ў масцы
хіба толькі пры начальстве
хіба толькі жартам
хіба толькі тым хто не слухаўся

і чорт скажа добра
не буду вас есці

хіба толькі з хрэнам і смятанаю

ГУЛЬНЯ

графіка — лепшае, што тут ёсць
быццам гэта сапраўдны туман
быццам можна збочыць на гэты снег
і ён зарыпіць пад нагамі
быццам рэдкія цьмяныя людзі
сапраўды маюць душу

не хапае хіба толькі пахаў
слабае „жалеза"

слабае жалеза
створаны з паветра клінок
рассыпаецца ў пыл

няглeдзячы ні на што, гэта ўсё яшчэ ты

каго пільнуюць недарэчна-зялёныя
здані на колах
сярод ледзяной пустыні

ці не схавалася побач тая
стараста гуртка ссінелых пальцаў
што паставіла жнівень на паўтор
у чаканні калядаў

няглeдзячы ні на што, гэта ўсё яшчэ ты

колькі яшчэ нашых прынцэс
у іншым замку
іхнія цені засцяць паўнеба
яшчэ адзін грам знявагі
і наўсцяж разбягуцца
вострыя чорныя пасмы

каб пасекчы свет на шматкі
як паперу з асабістым нумарам

чаму не чуваць
як трымцяць пачвары
калі рашучасць
для іхніх цел невыносная

нягледзячы
ні на што

гэта ўсё яшчэ я
я косць мяча майго
гэта ўсё яшчэ я
цела маё сталь, кроў мая полымя
гэта ўсё яшчэ я
я выходжу
гэта
ўсё
яшчэ
я

МАРШРУТКА

дзень адваёўвае вуліцы
83-я падымае павекі
каменка спартыўная не забудзем
кальцо сыходзь радзільня выходжу бангалор
што не так з карцінкамі пытаюць вочы
дым не сцелецца кажуць ноздры
стрэлы не лунаюць кажуць вушы

а гранаты вяртаюцца моўчкі
з памяці
з прышласці
з поўдня
выбухаюць кожная на сваім месцы
выбіваюць на кожным дрэве плоце лапіку
брукаванкі
„мы тут былі"
падпяваюць голасу ў навушніках
„мы тут былі"
на апошнім судзе
„мы тут былі"

а ці будзем яшчэ

МІСТЭРЫЯ

Ногі ды колы робяць са снегу глей.
Ганна-карэніна ўжо разліла алей.
Скрыня ў вітрыне нема вярзе лухту.
Здані з пустэчы шыбуюць у пустату.

Нейкі дзівак з драбінаю між людзей
Крочыць адзін, без думак і без надзей.
Збочыў у двор, праверыў: „хваста" няма —
І прыстаўляе драбіну да жоўтых хмар.

Чорныя ў сініх трунах пільнуюць ноч.
Бразгат іржавай зброі паўзе наўзбоч.
Гэты ж, прыступкі лічачы ў галаве,
Лезе ў вышыні, дзе буравей раве.

…Выняў з кішэні. Ашчадна садзьмуўшы пыл,
Вешае зорку проста на небасхіл —
Каб азарыла бляскам зямлю згары,
Шлях адкрываючы новы для зор старых.

Долам, дзе дым агортвае ліхтары,
Едуць чатыры вершнікі, а не тры.
Плача ў хляве дзіцятка — а ён пачуў:
„Памятай: помста — мая, і Я адплачу".

V

НЕБА

белая аладка
плывучы па-над морам
цукровае ваты
здзіўлена пазірае
на чорны птушыны клін
ды на транспарт
пад крывавым сцягам

куды вы птушкі
пытаецца
штó вам да яго
дзівіцца
навошта кроў
там
калі цукровая вата
тут

неба гасне
неба гудзе

АНТЫЦЫКЛОН

у цэнтры антыцыклону
дым з коміна мкне
проста ўгару

антыцыклон
адкідае на перыферыю
ўсё

бежанцаў — на захад
нацыстаў — на ўсход
бойню — на поўдзень
розум — у нікуды

штось трымае душу
на месцы
ці то корань
ці то ланцуг

як яна зайздросціць
дыму з коміна

КАПАЦЬ

„магу капаць" —
кажа, абкруціўшыся
рудою стужкаю

і капае
траншэю
ў рудым лесе
правальваецца
і капае
траншэю
ў рудым лімбе
правальваецца
і капае
траншэю
ў рудым пекле

„не магу не капаць" —
кажа

FAKE

гэта ўсё фейкі

яны як звычайныя феі
толькі зусім маленькія

але іхнія трупы
добра бачныя
з космасу

В####ДЗЕНЬ

як
ім адказваць
сапраўды ўваскрэс
калі
яны не бачаць што
шчэ не ўмерла

КАЛЯНДАР

пахаваліся словы
не хочуць дыхаць
пратэрмінаваным жніўнем
з прысмакам лютага

свежым календаром
праліся з вышыні
Духу Праўдзівы

ВЯСНЯНКА–СЕРАБРАНКА

кручу грані
туманныя
сонечныя
чаратовыя
у соты раз перазбіраючы
галаваломку рэчкі

а раптам заўтра і яе
забяруць
у турму
ці ў польшчу

РУКІ

    паміж холадам і холадам
        трымцім
    ад цяпла
    якое няма куды падзець
        але
        пішам

КАВА АСТАТНІХ ДЗЁН

1
Было? Здаецца. Малоў, запарваў, адціскаў. Апусцела. Выпіў? Нюхаю. Пахне.

2
Калі праспаў — усе дарогі вядуць у кавярню. Апошняя кропля цярплівасці падае з графіна ў кубак.

3
Перамешваю вільготныя крупінкі, нібы варушу лісце ў дзіўным нетутэйшым лесе. Даўкі пах дажджу.

4
Заглядзеўся, як падымаецца з дна крэмавая аблачынка… авой! Вадаспад на стале!

5
Сёння рыфмуецца з „гаркава". Кухня ў крывым люстры туркі — бы ў старадаўнім маніторы, 320×200 — ўсё адно сапраўднейшая за тое, што вонкі.

6
Яны называюць гэта „гарбузовым латэ". Дзе тут гарбуз, скажыце мне? „Нам бы вашыя праблемы" — адказалі б расстраляныя.

7
сонечны ранак   але восеньскі туман   плыве над кубкам

8
Не зразумеў, штó заварыў. Нібыта тое, што й учора — але даказаць не магу.

9

Што новага? Кава маўчыць, але цёплаю кропляю кранае руку.

10

Асцярожна каштую — здаецца, астыла. Халодная кава са смакам выдаленага зуба — пра што яшчэ марыць у гэтым жыцці?

11

Слоік з зернем — мой пясчаны гадзіннік. Блізкае дно.

12

Фільтрую залітае з вечара. Цёмны бурштын у графіне — і сталёвая аправа хмар. Спрабую думаць пра лета. Яно ж яшчэ будзе, лета?..

13

Новы дзень (трохі цяплейшы) — стары напой (трохі халаднейшы). Крыху каламуці на дне — багата каламуці на дзень.

14

Апошнім зернем са слоіка пішацца апошні радок. Толькі дзе цяпер давядзецца выпіць апошні кубак?..

ТАМ

снег на платане ды пальме, снег на гары —
гэта не больш, чым рыфма да снегу ўнутры

сёння растане, заўтра ізноўку ляжа,
а пра вайну й турму нічога не скажа

зрэшты, сюды далятае водгулле бою,
ну а турму, як неба, носім з сабою

колькі стагоддзяў чакаць, пакуль за плячыма
разам раскрыюцца крылы „трэба" й „магчыма"?

покуль пытанні палошчуцца ў галаве,
году паскуднага труп пад мостам плыве

ззяе праспектаў чужых калядная казка;
падае зверху не снег — кіслародная маска

будзе вясна, пакліча „к слаўнай сяўбе"…
маску — спярша — на сябе

АМАГЛЭБА, 1

стаяла выспа на пагорку
і праз яе лілося мора
а ў небе сцяг лунаў над ёю
прымацаваны да сцяны

і не было надзеі іншай
між гор над бурнаю ракой

ДАЛЁКАЯ ВОДМЕЛЬ

да смерці далёкай
не маю чаго дадаць

вось вужака на водмелі,
вартавы Варты,
за рыбаю кінуўся

RE: BEGINNING

Ю. К.

„у будучыню,
у будучыню" —

паўтараю за Вамі
(дагэтуль жывы)
гледзячы з-пад яваравага каптура
ў змрочную глыбіню
старажытнай вуліцы

дзе першы ліхтар
вызірае з-за рога

РАКА

Ад салютаў аглухшы ды прапіўшы крыжы, шпацыруе Варшава ў навагодняй імжы. Тлум і гоман на вулках, і няўцям мінакам, што кагосьці між імі выклікае Рака...

Панна Лёду й Паперы моўчкі з лавы ўстае, і расходзіцца шэрань ад абцасаў яе. Ў тонкіх пальцах паветра заціскае як след — і, як аркуш альбома, перагортвае свет.

Знікла хмельная Хмельна... вочы звыкліся ўжо... Юбілейную Плошчу замятае сняжок. Дзесь затупалі боты і закерхаў матор: адсачылі, паскуды, ды імчаць як віхор. Не даедуць: адразу з-пад дзявочай рукі галалёд зазмяіўся на чатыры бакі — а дзяўчына знікае за кулісай часоў, пакідаючы ззаду толькі віск тармазоў.

...Снег вісіць у паветры між кавалкаў нябёс. Тут прастора — як пушча, тут і час — як алёс; гэта — выварат Менска, веку вонкавы бок, дзе будоўлі й руіны запляліся ў клубок. Дзе тут шлях, дзе напрамак — не чутно, не відно; але трэба — наперад, у глыбіні, на дно... Асцярожна і зважна Панна йдзе напрамкі, разгінае прасторы ды гартае вякі.

...Снег ад друзу стагоддзяў адлятае, бы шрот. Выйшлі цені са шчылін; шчэрыць кожная рот, прагнуць бою жаўнеры людажэрнай маны, хоць мінулі ўжо войны, дзе палеглі яны. Атачылі дзяўчыну, цягнуць кіпці свае — толькі зданям не ўгнацца за рукамі яе, што карункі заклёнаў рассцілаюць наўкол: здані гнуцца, як карты, ды ўмярзаюць у дол.

...Снег старое бярвенне абляпляе, як пух. Панна дыхае цяжка, пераводзячы дух. Шлях адолеўшы ўрэшце, прыхаваны здаўна, да Праўдзівай Нямігі падступае яна.

Снег кіпіць у паветры, кроў гудзе ў галаве — бо зялёная магма ў шэрым змроку плыве, і трапечуць маланкі над паверхняй жывой, і калышацца бераг, бы тканіны сувой; і здаецца раз-пораз, што з пякучай вады узыходзяць Усходу небылыя сады; а прыслухацца трохі — і чуваць унутры, як на Горцы Каменнай горка выюць вятры. Запрыкмеціўшы Панну, прыціхае вада; тут любога асілка ахапіла б жуда — толькі постаць прамая, і прасцёрта рука… І тады да дзяўчыны прамаўляе Рака:

"Я б цякла бесклапотна шчэ гады і гады — каб не чэзлі крыніцы дзіватворнай вады: бо не толькі спакою, а і цудаў няма там, дзе ўсцяж над зямлёю заўладарыць турма. То ж, як зменаў не будзе — так усім і скажы, — то нарэшце пакіну я свае рубяжы, з глыбіні да паверхні шлях праб'ю напралом — і ў асфальтавым ложы распачну крыгалом.

Хай жа ведаюць ка́ты, брахуны і рвачы: як паўстану — нікому ад мяне не ўцячы, не схавацца ні ў склепе, ані ўлезшы на дах, ані ў Соснах між соснаў, ні на дне у Драздах! Разбірацца не буду, хто там цар, хто халоп, бо ад краю да краю — гэткі будзе патоп! І ачысціцца горад, як сыду спакваля, і адновіць крыніцы той, хто прыйдзе пасля.

Каб жа шанец апошні даці целу й крыві — вось, бяры маю сілу, ды наўсцяж аб'яві! Блаславёных табою мой удар абміне — а праціўнікаў хеўру шкадаваці не мне".

І змяёю маланка абвівае руку…

…Тоне ў замеці Хмельна, бы ў густым малаку. Ад глінтвейну ў гуморы, міма йдуць мінакі; што ім справы да нейкай нетутэйшай ракі?

Панна Лёду й Паперы тэлефон дастае, і хаваюцца іскры паміж пальцаў яе.

І хаваецца сіла — ды не перастае.

ЛЁД

паэма ў трынаццаці тэхнічных элементах

#фігурнаекатанне #2018 #2019
#дзяўчатыякіявыжылі #госпадзезлітуйсянаднамі

◊ *усе супадзенні з рэальнымі людзьмі, птушкамі, чарцямі і інш. — на сумленні тых, хто супадае*
◊ *тэкст не нясе адказнасці за чые-колечы дзеянні пасля 2020 года*
◊ *згадка Расіі ў тэксце не апраўдвае ейнага існавання*

ЗЯЗЮЛЯ
#ЯМ #алімпіяда #карэніна #срэбра #цойжывы

А зязюлін голас у лесе ад сёння знік,
Бо зязюля заўчора трапіла пад цягнік.
„Колькі мне яшчэ…" — нема вусны клічуць яе,
А ў адказ — паравозны рык і нягеглы енк.
То не слухай — глядзі, глядачу, на тую з дзеў,
Што ўздымае рукі да чорных нябачных дрэў,
Што струменіцца долам, бы счарнелая ртуць, —
А за чорнаю спінай крылы штокрок растуць:
Бо гадоў адмерана — віламі па вадзе,
Бо дарога адсюль — за мора альбо ў нідзе…
Рух спыніўся. Поўніцца воплескамі імгла.
Вось цяпер прыслухайся:
      ла
          ла-ла
              ла
                  ла

ДЖУНГЛІ
#ЯМ #пераезд #восень #гэтавыклік #гэтарунэтдзетка

…А дзесь па іншы бок тэлеэфіру,
У джунглях, што ўзраслі на месцы тундры,
У мутнай рэчцы седзячы па пояс,
Чырвоныя гарылакракадзілы
Плявалі шчодра ў постаць на экране
Ды лаяліся брудна, як умелі,
Згадаўшы пол, узрост, нацыянальнасць
Ды сваякоў да сёмага калена;
А з дрэва побач свінапапугаі
Крычалі словы звыклыя пра здраду,
Пра чорную няўдзячнасць, пра адсутнасць
У моладзі пашаны да старэйшых,

І пра знявагу да традыцый слаўных,
І пра падкопы ворагаў заморскіх...
Калі ж нарэшце ўволю нараўліся,
То зноў пераключылі на навіны,
А тыя, ўнізе, сплюнуўшы надосталь,
На дно ракі палезлі па бутэльку.
А там наводдаль — пасярод паляны,
Якую джунглі шчэ не праглынулі,
У хатцы непрыкметнай, невялічкай,
Дзе на сцяне між выразак газетных
Парэпаных канькоў вісела пара, —
Дзяўчынка з чалавечымі вачыма
На дыване старым перад экранам
Сядзела, баючыся зварухнуцца,
Ды толькі пальцы крыжыкам трымала
За дзеўчыну — такую ж, як яна.

ШТОРМ
#РК #АЗ #лістапад #фіналгранпры #часамтрэбапіцьваду

Мо я й дарма да таго вяду, але відавочна, што
Калі рацэ перакрыць ваду — рака не дагоніць шторм.
А шторм ідзе, як Зямля вядзе, павольна, бы сыты леў;
У ім — вада. Па ім — у вадзе камлі паламаных дрэў.

Цяжкое золата шыю гне, і слава цісне нагу;
Мае ж здабыткі — усе ўва мне: ці зможаш, штó я магу?
Хоць як пасці, хоць каго малі, хоць вер у падступны суд —
Ніштó, апроч трывалых цяглíц, табе не падорыць цуд.

Калі наступнае рандэву — праз год? Чатыры гады?
Я пэўна ведаю: дажыву. Прашу: дажыві і ты.
Нашто без весткі табе знікаць, як шэраг сясцёр былых?
Хай вечна ўецца твая рака ля выспаў і гор маіх.

АТРУТА
#ЕТ #фіналгранпры #раптоўнабронза #сцюардэса #зкаткаўшпіталь

Будуць ногі лёгкія, быццам брыз, калі ясная галава!
Вы забылі сутнасць слова „стрыптыз" — ну дык я нагадаю вам.
Гэй, малыя! Ці гэта — ўвесь ваш задор? Што за пафасная лухта?
Вы скакаць навыклі як на падбор — паспрабуйце цяпер вось так!
Што ні нота — тое асобны рух, што ні рух — як агонь пячэ;
Мне цяпер дарога — адно ўгару, а на вас паглядзім яшчэ.
Я пасею атруту ў вашых вачах, па душы лязом праўяду —
І няхай праклён маладых дзяўчат перапыніць на мне хаду!
Што вы кажаце? Нізка лунае сцяг над разбітым гэтым ільдом?
Гэта ўсё пакуль што яшчэ ў гасцях — я ж хачу падпаліць свой дом!
    …Кажа ртуць: „Трыццаць восем" —

                             лічы, прысуд.

    Колькі тыдняў чакаць яшчэ?..
    Прылятай, Зязюля, у гэты кут,
    Раздзяўбі тут усё ушчэнт.

КАРТЫ
#трэнерыкуюнельганазываць #снежань #юніёркі
#будземспадзявацца #поштарасіі

Чынна плыве размова,
        ажно да суму.
Простая мэта:
        абы ўсё было без шуму.

І пытанні не джаляць — як тупыя канцы нажніц:
Ні нязручных дэталей, ані прозвішчаў вучаніц;
Усміхніся, паплач, ці там пра ежу пагавары…
Але
   нячыстая сіла
             знянацку
                      рассоўвае вусны
                              знутры:

— Гэй ты, там, вось ты, па-за чацвёртай сцяной!
Ты якія гульні ўдумаў гуляць са мной?
Мусіш ведаць: у гэтым мне ніхто не раўня —
Бо ўсё тое, што бачыш, і ёсць для мяне гульня!
Не дарэмна мы рыхтаваліся да рыўка:
Як ніколі моцная кожная з нашых карт,
І яшчэ раней, чым сапернік раскрые рот,
Мы шпурнём з размаху кожную з іх аб лёд;
І, махаючы ім далонямі наўздагон,
Спадзявацца будзем, што вытрымае кардон, —
Бо надзея ўсіх нас пранізвае да касцей,
Зацьмявае веру, гарыць за любоў круцей.
А сагнецца карта — ну што ж, даплюсуем лік
І адправім „Поштай Расіі" — туды, дзе ўзялі.
Лёс такі — капрызны і зменлівы, як вада…
Гэта проста шкода. Галоўнае — не шкада!

    Робіцца чорным акно
        пасярод экрана.
    Чутныя рэдкія воплескі
        з-за акіяна.
    „Пошта Расіі" насупраць
        падміргвае шыльдай п'янай —
    Лепей па ёй сумаваць,
        чым быць пересланай.

ЛІСЦЕ І СНЕГ
#СМ #ЯМ #снежань #нацчэмпіянаты #пекла

Залатой лістотаю астравы прывячаюць калядны час;
Дзеці ў форме йдуць па схілах крывых, хто ў апошні, хто ў першы клас;
Гэтаксама ў форме, паміж майстроў, цягне нумар з меха папер
На сваёй зямлі — каралева льдоў, светам спляжаная цяпер.

А за морам дрэвы ўкрылі снягі, спяць азёры ў палоне льдзін;
Не ў пашане форма ў дзяцей пургі — мо хіба вайсковы мундзір.
І, хто ў чым, цяпер каралі каткоў цягнуць жэрабя ля стала,
І між іх, у бляску былых вякоў, — тая, хто адсюль уцякла.

…Над гарою Коя ўзыходзіць дзень, а на сэрцы думка адна:
Можа, праўда — у лічбах белых людзей, а ўхвала трыбун — мана?..
Хоць няма сумневу ў нагах сваіх і ў любові глядацкіх лаў —
Толькі плечы хіляцца, бы на іх нехта кучу лістоты ўсклаў.
І ніяк за хвост не ўхапіць спакой, скача позірк з кута у кут…
І раптоўна ў думках:
                      "Ану пастой! Ды чаго мне страшыцца тут?
І падлога, і сцены, і столь — свае, і наўсцяж — свае гарады;
Не старое сонца з пушчы ўстае — маладое, толькі з вады!
За мяне — над стромай сасновы лес, сад вішнёвы і луг з травой,
І калі між суддзяў нячысты ўлез — дык чырвоны, насаты, свой!
Хай усе сумненні жарэ пажар — бо мяне чакае народ!" —
А тады злятае з плячэй цяжар і правальваецца скрозь лёд.
І — ў палёт, віхураю па вадзе, бы за ластаўкай наўздагон;
Расступіся, люд! Каралева йдзе, і сягоння за ёю трон!

…А за морам зноўку не ўсё на лад: ці да ног прывязалі дрот,
Што ў паветры вязне ўдалы накат і зрываецца ў дол палёт?
Пад каньком нібыта не лёд, а глей — бо на шыі гурба ляжыць,
У якую ўмерзла: "Ўпадзі! Здалей! Спатыкніся! Перамажы!"
І надзеі зыбкія ліхтары аддаляюцца пакрысе,
А аркестар люта грыміць згары і да прорвы яе нясе;
І злятае лаянка з языка, і вось-вось пабяжыць сляза…
Хісткім крокам сходзіць яна з катка.
                      …А чаму ж не сціхае зал?..
І раптоўна — твары, а не лычы пазіраюць з усіх бакоў;
І не брэх — а ўхвальныя воклічы разлятаюцца над каткам;
І любоў — здзімае, любоў — пячэ! Прапускае сэрца ўдар —
І спадае гурба ў яе з плячэй і правальваецца ў тартар.

...А у пекле раніца настае, ў казане сквірчыць ліхадзей,
І вусаты чорт на працу ўстае — насылаць адчай на людзей.
Ён газет пякельных прагорне стос і ў акно памкнецца глядзець...
А тады з кляцьбой, як п'яны матрос, па лапату лезе ў прыклець:
Бо падперлі ў хату яго ўваход і ляжаць пры самым акне
Залатое лісце зямлі Ніхон
     і прамерзлы мардоўскі снег.

ТРАНСЛЯЦЫЯ
#юніёркі #першыканал #чэмпіянаткурыльшчыка
#расіяўпярод #гісторыягісторыягісторыя

І вось нарэшце сваё адкаталі,
Хто хацеў катацца па гарызанталі —
А зараз, на зайздрасць замежным сабакам,
Гэты лёд пастаўлены будзе ракам!
Бо ў сакрэтных лабараторыях трывае праца,
Каб паўсталі шкілецікі, з якімі няма як змагацца —
Бо круцяцца няспынна, прызямляюцца без болю
І не ўдоўж, ні ўпоперак не растуць ніколі.
І хоць гэтыя дзяўчаты — не канчатковы вынік,
Падзякуем тым, хто на лёд іх вывеў:
Глядзі, глядзі, як падскочыла, як пацэліла!
Не размінка, а мілата суцэльная!
А колькі разоў упалі — дык столькі і ўсталі:
Чаго не зробіш, каб апынуцца на п'едэстале!

(рэклама на першым какакола ўсім прыходзіць звычайны
парашок клятыя х#хлы ў навінах хварэем за нашых)

Не, ну як: на падрослых таксама зірнуць цікава.
Вось глядзі: не малютка, а гойсае ўсё-ткі жвава,
Абароты дакладныя, правільны кожны кант
(От жа трэнер — што робіць, ведае, старыкан!);

Нават шкада, што няма на што спадзявацца ім,
Бо следам выйдуць малыя — уці-пуці і гонар нацыі:
Выбегуць, скокнуць раз або два — дый годзе…
Думаць трэба было, у якім нараджацца годзе.

(вой-вой сарвалася алімпійская чэмпіёнка і чаго ў яе ногі
ўкручаныя а ну гэта бывае аклiматызацыя)

Але вось пачынаецца самае цікавае!
Гляньце, гляньце, спадары ласкавыя!
Як вылецела малая, як памчала, як завярцелася!
(Будзе й яна з медалём, як бы суддзям іншага ні хацелася).
А тут увачавідкі творыцца гісторыя!
Занатоўвай, абсерваторыя, кансерваторыя!
Хай назаўтра гарэці мне ў крэматорыі —
Гэты дзень не выдраць ужо з гісторыі!
Вось дык вылет! Вось гэта прызямленне!
Нібыта ў яе рэальна спружына ў калене!
(А не, на другі раз упала. Ды невялікая страта:
І з аднаго скачка атрымае балаў багата…)
Авой! Апошняя дзетка скокнула тое самае!
Выклікайце „хуткую" для ейнага таты з мамаю!
(Навошта ўглядацца, колькі было кручэнняў?
Маладзец, дзяўчынка, вазьмі з паліцы пячэнне).
А божухна! Які тут усчаўся віскат!
Сустракайма новую чэмпіёнку і медалiстак!
Налівайце, чаркайцеся! Ё-хо-хо!
Спяшайцеся іх прывітаць, бо хто ведае, на колькі іх хо-

(а курва драная мікрафон здох кітайскі ширспажыў усё
вырубай рубільнік)

…А яны абдымаюцца, смяюцца і робяць фоткі,
Адкінуўшы месцы, рангі й газетныя зводкі,
А наперадзе — дом, канікулы, святы, зіма…

Бо яны — усяго-толькі дзеці,
І ў кожнай — свой лёд і вецер,
А падзення —
                няма.

ПОЛЫМЯ
#ЯМ #люты #фіналкубкарасіі #чэмпіянатсвету #бачуполымя

Хай дасюль палымнее лёд, пакінуты ззаду,
Хай палае сеціва, быццам куча паперы —
Толькі тое полымя сёння вартае ўвагі,
Што гарыць на бязмежных водах далёка ўнізе,
Пад крылом машыны, што ймчыць ад дому — да дому;
Ты ж яго набяры ў далонь і схавай у сэрцы,
Са сляпучым болем змяшай, пераплаў у танга —
І на трэцім баку планеты ў тваіх далонях
У метал адлітае полымя засмяецца…
Самалёт магутны імкне наўздагон за сонцам,
І палае вада няціхага акіяна.

РАЗЛОМ
#ЭТ #сакавік #чэмпіянатсвету #чацвярны #першаяздарослых

Было: цябе спынялі межы, чужыя бздурныя законы, ірваліся дарогі й планы, была на ключ замкнёна Поўнач, і Захад не прымаў Усход…

І будзе: пад тваёй нагою кара́ зямная скаланецца, і пабяжыць ушыр і ўдалеч разлом бяздонны, неадольны паміж „учора" і „цяпер";

І дзень надыдзе неўзабаве, калі, стрыножаная болем, ты на адлегласці пабачыш, як дзевы іншыя натоўпам, забыўшы страх, праз бездань скачуць, каб не застацца ў небыцці…

Ды дзень наступны — таямніца, ды ўжо забытае былое;
А сёння ты, нібыта лётчык, што смерць нясе ў тыл варожы,
На ўзлёт заходзіш без ваганняў —
 І свету ўжо не быць ранейшым,
 Бо на табло — „4S".

АПОШНЯЯ
#АЗ #чэмпіянатсвету #японія #перамога #карцінарэпінанечакалі

І камусь падасца: мінулі цуды,
Не запаліць сонца апошні вычын;
Толькі ты стаіш пасярод арэны —
І спадае з воч паўгадовы морак…
 А цябе спісаў і чужак, і сябар,
 І не пляжыў словам хіба лянівы;
 Скуль усім ім ведаць пра боль пякельны,
 Пра апёк на скуры й пажар на сэрцы,
 Пра знявагу ў твар, пра напор у спіну,
 І пра слёзы крыўды й неразумення,
 Пра жаданне скончыць усё адразу,
 Збегчы прэч і знікнуць з усіх радараў?..
 Толькі выбар зроблены, бой пачаты,
 І адсюль няма на шчыце вяртання.
А таму — пляваць на чужыя словы,
На ліхіх сяброў, на варожы гоман:
За цябе — прынамсі сабака й котка,
Ды яшчэ шыншыла з шыншыляняткам,
Ды чужынскі край, дзе любові болей,
Чым на свойскіх вуліцах снегу ўзімку,
Ды трыбуны, поўныя аж даверху,
Што дагэтуль верна чакаюць цуду.
То ж, няхай цяпер унутры — пустыня,
І няхай наперадзе — ноч бяссоння,
Гэта — потым. Зараз жа — крок наперад,
І нікому. Болей. Ніякіх. Шанцаў.

НЕКАЛЫХАНКА
#дановагасезона #большнеюніёркі #мыўсепарном
#новыяпраграмы #лавіценаркамана

Ходзіць месяц па траве, дрэмлюць цмокі у хляве,
Тролі ў чэраве гары, ў цёмным склепе вупыры;
Спяць ахвяра і маньяк, разам выпіўшы каньяк;
Спяць жар-птушкі за ракою; поле дыхае спакоем,
Ціхамірны даляглядꓸ..
                       Толькі тут гудзе набат,
Іх усіх бяруць у нерат — і на лёд нагамі ўперад!
Бо выходзяць юніёры у дарослыя прасторы,
І на доўгую дарогу трэба дзеткам дапамога —
Каб паўсюль за імі йшлі ўсе нячысцікі Зямлі.
      Хто старэйшы — не жылец.
      Тут і казачцы канец.

ЗАРОК
#РК #параза #дановагасезона #міжнародныянёлміру
#самураінездаюцца

„Вось бач, яна — звычайная дзяўчына!" —
      Дык я ніколі бостнам не звалася.
„Яе віны няма, бо суддзі — блазны!" —
      Але сябе я буду вінаваціць.
„А што, калі вышэй падымем планку?" —
      Што ж, воля ваша: я прымаю выклік!
Няхай заціхла бура па-над лёдам,
Але ў душы дасюль віруе бура;
І каб яна дазвання не загасла —
Вось, я перад людзьмі і перад небам
Даю зарок: не ўпасці ані разу
І не згубіць здароўя ані кроплі.
Ды, каб зарок не выявіўся марным,
Я заўтра разгарну за спінай крылы,

І адаб'ецца ў іх святло і веліч
Усіх багінь, анёлаў, бадхісатваў,
Што над зямлёй нямірнаю лунаюць,
Кідаюць кліч да розуму смяротных.
Хай ставіць свет любыя перашкоды;
На шлях ступіўшы, я з яго не збочу —
І новага сезона летапісец
Маё імя не зможа абмінуць.

НОЧ
#навоштагэтаўсё

Бо гэта Ён так захацеў ад пачатку —
Каб сталася небывалае,
                немагчымае,
                          неапраўданае.
І гэта Ён так зрабіў —
хай нават цаною самога Сябе, —
каб нехта іншы, падобны да Яго,
мог разам з Ім агледзець
плён Ягонай мары
і сказаць:
        „Гэта добра".

Таму ў кожным родзе
бласлаўляюцца тыя,
хто ступае на лёд,
каб здзейсніць небывалае,
                немагчымае,
                          неапраўданае —
хай нават цаною саміх сябе.
І таму ў кожным родзе
загараюцца любоўю
вочы й сэрцы тых, хто іх бачыць,

каб ніколі не сціхалі словы:
            „Гэта добра".
А хто зняважыць хоць адно з малых гэтых,
хто растопча й перакруціць іхнія мары,
прамяняўшы мару сваю
            на славу й нажытак —
такіх чакаюць млынавы жарон
            на стужцы ад медаля
і талая прорва пад нагамі;
бо выплыць з бездані
з каменем на шыі —
гэта апошняе небывалае,
            немагчымае,
                  неапраўданае,
што для іх застаецца.
І ў святую ноч,
калі сціхаюць гарады Зямлі
і першыя роўна з апошнімі
            забываюцца ў ложках,
Ён сам падыходзіць
да кожнага й кожнай з адважных,
дакранаецца, бласлаўляючы,
            адчуваючы
кожны запалены мускул,
кожны стомлены нерв,
кожную драбінку лёду
            ў трывожных снах, —
і шэпча,
        разам з мільёнамі далёкіх:
  „Держись.
            Be brave.
                  頑張.
    Трымайся".

  #канецібогуслава

P. S.
#2020 #светперакулены

#АЗ

вы ж таксама бачыце гэта
як на кожным борце
вольным ад рэкламы
праступаюць барвовыя літары

Тут Магла Быць Яна
Неаспрэчная Каралева

як жа вы яе не клічаце
на свае ўгодкі
юды

так далёка па той бок акуляраў
ейныя вочы
нарэшце смяюцца

#ЯМ

мы збіралі слёзы на тую хвіліну
калі Карэніна ўзыходзіла на рэйкі

мы вылілі з іх адчайныя воплескі
калі Тоска кідалася са сцяны

далоні знямелі
і мову адняло
калі Сэйлар Мун аддавала Грааль

на калені
раскінуць рукі
бязгучна прамаўляць імя

любоў не мінае

сякера не праміне

#неюніёркі #ET

раскажы, Жар-птушка
як гэта
узлятаць у неба
поўнае камянёў

бачыць сясцёр
насупраць
у іншай казцы

глядзець у скаваныя лёдам
вочы зязюлі
зрабіцца ейным адбіткам

Спартак не глядзіць на нявольных
Спартак вострыць меч
старая атрута струменіцца па лязе

#СМ

полымя робіцца попелам
попел абрынаецца са сцяны
яго ўзнімае вецер

чатыры-разы-каралева
вернецца
цьмянай кабылкай
у ноч дзе ўсе коні шэрыя

гадзіннікі астравоў марудзяць
ім абрыдла круціцца
ў адзін толькі бок

#РК

і яшчэ сказана:
не аднімецца блаславенне
ад вёскі пры возеры,
што збірала раскіданых
у год, калі
межы ўзняліся вышэй за горы

у год, калі
штормам не хапае літар,
яны абіраюць кандзі

заплюшчы вокны, Кансай
бура спускаецца з гор

ЯНА ПРАМАЎЛЯЕ

чарадзевапіс

ЧАРАДЗЕВА[1]

Паглядзі на горад, на бляск і тлум;
Не хавайся ў горад, у шкло й бетон;
Паглядзі за горад, на цішу й снег;
Не ўцякай за горад, у пушчу й твань;
Не глядзі пад ногі, на коўзкі брук —
Паглядзі ўгару, на ліхтарны слуп,
Ды не мруж вачэй: не падман, не здань —
Сапраўды стаіць чарадзева там
Непахісна і ў далячынь глядзіць,
Рассякае позіркам гушчу хмар.
Ейны ўбор — ці чырвань, а ці смарагд,
А на крылах ейных — святло ці ноч,
А ў вачах яе — ці агонь, ці лёд,
А маны й сумневу — няма, няма.
Здрыганецца розум: „Бяжы, ўцякай!" —
Ды прашэпча сэрца: „Застанься, стой", —
Бо, калі расчыняцца дзверы хмар,
І ў паветра ліне, й на дол падзе,
І праспектам рынецца, як патоп,
Паднябесных духаў драпежны рой —
Хто навалу стрэне, як не яна?
Хто засведчыць гэта — калі не ты?

---

[1] 魔法少女 (бел.)

ДАРОСЛЫЯ

> …Аднойчы надыдзе той дзень, калі грамадству стануць непатрэбныя ўяўныя дарослыя.
>
> *Тамока Кавакамі*

Вы казалі мне: „Будзь дарослаю —
Не бядуй па тых, хто не вернецца,
Не шукай таго, што не станецца…
Ты каго ратаваць задумала?
Тут табе не касцёл, не больніца!
Дзеля славы ўласнае рупімся —
Мо й табе застанецца трошачкі,
Калі будзеш старэйшых слухацца!"

Вы казалі мне: „Будзь дарослаю —
Ці ж для радыё жарты гэткія,
Ці ж для песень — твой крык паранены?
Песні ў модзе заўжды вясёлыя,
У фаворы ўсмешкі лагодныя,
Прадаюцца словы ласкавыя —
Ты ж куды са сваёю шчырасцю?"

А яшчэ паўшэптам казалі мне:
„Паглядзі, як жывуць дарослыя, —
Паглядзі на сцены магутныя
Паміж сэрцамі ды маёнткамі,
Аглядзі пакоі дзівосныя,
Дзе замкнёныя душы нашыя:
Хай яны да камор падобныя,
Хай паветра бракуе вольнага,
Толькі ў іх мы — паны вяльможныя,
Усё мы маем, з іх не выходзячы
(Апрача таго, што не станецца;
Дый нашто летуценні гэныя?), —
То прыходзь да нас, дражэнькая,

Ахініся ўдаванай ціхасцю,
Авалодай падманам, плёткамі,
Навучыся здрадзе з інтрыгамі,
Зневажаць навыкні слабейшага,
А за грошы — й сябе-любімую;
Станавіся хутчэй дарослаю!..“

      Што вы мелеце? Схамяніцеся!
Ці ж вы мора сцяной аточыце,
Ці ж вы буру ў камору ўсадзіце?
Я — падлетак, дзіця бунтоўнае,
Мне калі спяваць — то як з даху ў дол,
Гаварыць — то ў надзею з роспачы!
Не да твару мне быць дарослаю —
Лепей буду сабачкам, трусікам,
Буду школьніцаю звычайнаю,
Буду феечкай-чараўніцаю,
Замахнуся вяслом над водамі,
Па прыступках да неба вырушу,
Стане дэман па правай руцэ маёй,
Стане злева прывід дасведчаны;
Мае крылы сляпуча-белыя
Скрозь часы і жыцці нясуць мяне,
Мае зрэнкі, за нож вастрэйшыя,
Працінаюць наканаванае,
Мае кулі — згуба нячыстаму,
А пячаць мая — скон няверному,
Мой жа меч проці свету ўскінуты,
Проці лёсаў яго няправедных;
Распляту свае рукі чорныя —
Дваццаць рук празрыстых, бязлітасных —
І абрыну ўсе сцены дужыя,
Размяту пакоі дзівосныя,
Скалану паветра заснулае:
„Вы чакалі мяне, дарослыя?

Я да вас, уяўна-дарослыя!
Я па вас, ілжыва-дарослыя!
Не хавайце вочы дарослыя!.."

    Што ж замоўклі вы? Ці спужаліся?
Не са злом я да вас, шаноўныя,
Не пакрыўджу цябе я, дзядзюхна,
Не зняважу цябе, сястрычанька!
Гэта ўсё — каб вы страпянуліся,
Каб кайда́ны свае пабачылі,
Каб падманы свае аплакалі,
Ды каб дзеці, вамі ўціскáныя,
Вашым следам ужо не крочылі…

    Што ж вы плачаце, даражэнькія?
Ці таму, што сыходжу хутка я?
Не навечна ж іду — да Вечнасці,
Не ў пустэчу ж іду — да Госпада,
Папрашу Яго пачакаць яшчэ,
Пакуль дзецьмі вы ўсе не станеце.

ШЛЯХ

> Калі-небудзь мы ўсе пойдзем у першы клас
> і навучымся чытаць.
>
> *Аксана Данільчык*

Час прыспеў: рушым у першы клас.

Компас правераны, спраўны проціваз. Пёрка ў пенале трапеча, вострае, як каса: да сцяны дакранешся — успыхне агністая паласа.

Не азірайся на дом, не кратай ключы: не ідучы, нічога не зберагчы. Сонца дасюль не бачна? Тае бяды! Справа ад зорнай чыгункі — барвовы агмень: туды.

Скрозь акіян туману і хмызняку выйдзем да прорвы. Школа — на тым баку, долам не пройдзеш — толькі ляцець па-над, з думкай, абы не здрадзіў стары канат... Руш асцярожна, бо ледзьве бачны край; на камяні пад нагою не наракай, ды лёс не кляні; будзь добрым узорам ім — тысячам тых, хто пойдзе следам тваім!

...Ведаеш, так з усімі. Не першы дзень над вухам сумнеў гудзе, нібы авадзень: можа, няма нічога ў той старане, а нас падманулі літары на сцяне? Можа, пустая мара, і марны паход? Хай бы нас вецер знёс на захад ці ўсход, толькі б у плечы не дыхаў крыжовы жах, толькі б суняўся ў сэрцы забытых словаў пажар...

Ты не зважай — што меўся, тое рабі. Добра правер, як зашпілены карабін; а калі адарвешся ад стромы, нібы ад галінкі ліст —

...Памятаеш, нам раілі ўсе адно: не глядзець уніз?.. —

    глядзі
і абуджаныя сунічныя вочы
пракаветных лясоў
    глядзі
і яблыкі страчанага раю,
што праступіць за туманам
    глядзі
і вогненны абруч сонца,
што азорыць дарогу няскораных
    глядзі
і непераможнае войска кветак,
што вераю прычакалі вясну
    глядзі
і бетонныя далоні гарадоў,
што люляюць новае мора
    глядзі

і ўсё існае ўсклікне
адначасова
нястрымна
неаспрэчна

„НІШТО НЕ ДАРЭМНА"

— і гэта — адказ.

ТРЫСНЁГ

> Пасеем жыта — збяром трыснёг.
> *Янка Дзягілева*

была рака — і застаўся шлях
былі масты — і застаўся жвір
за краем рэек ляціць трамвай
заходу ў спіну грыміць агонь
шкілет вахцёра адсунь убок
ключоў не трэба — замок струхнеў
дзе дрэмле пёс — там дзвярэй абрыс
расчыніш дзверы — пабачыш лес
кранешся дрэваў — пазнай трыснёг
адчуеш погляд — услых кажы:
зямля народзіцца праз паўдня
глядзі не бойся не памірай

> Ледзяныя вятры, снегапады і град
> У злосці гнуць яго, але не зломяць.
> *Алена Вайнароўская*

трыснёг казыча пусты трамвай
грукоча ў полі халодны фронт
трывожным небам — прыступкі ў склеп
раскрытым сэрцам — гаворыць гнеў

у сэрцы спіць дасвятынны шлях
па ім праходзіць анёльскі полк
у гулкай цемры — нязломны спеў
з пустога месца — бязмоўны спеў
хто слухаў спевы — абраў навек
сабе напрамак на тым шляху
хто крыкнуў „хлусіш" — абмерлы слуп
хто крыкнуў „здайся" — разбіты збан
хто крыкнуў „веру" — жывы трыснёг
хай цісне вецер — цвіце каштан
звініць багоўка дзівосных сноў
лунае погалас: не памром

Z

> Спадары! Вы не ўцямілі найгалаўнейшае.
> *Земфіра Рамазанава*

дзіўнае племя
што забрала ейную літару

усе дваццаць тры
штó пабачыць прыходзілі вы?

ці то гару непахісную
ці то пырскі з-пад колаў

мы ўсё разумеем, ды толькі
тут такія перастрэлкі
не маўчэце

ці не на тое глядзець прыходзілі вы
як прадзецца нітка акорда
з кудзелі пакалення

ці гэта не вы смяяліся
з колеру тае ніткі
нібыта бляклага
бо крыві са сцёртых пальцаў
было вам мала

як жа вы не заўважылі
шт́о яна ткала

цесна й балюча

паглядзеце ж наверх
бо заслона гатовая
і па́дае
на вас

гудбай

ПУСТАТА

> Ці самотай ты завеш, ці свабодай — гэты час,
> Калі адвернецца ўвесь свет ад цябе адной?
> *Юкі Кадзіура*

Снежка —
ці то Радасловіца —
прачынаецца ў светлым пакоі,
механічна перад вачыма праводзіць рукою.
Скубецца ўнутры пустата,
бы кавалачак сэрца быў — і не стала;
хтосьці сказаў бы — цяжка…
Яна прамаўляе: „Мала".

Здзеклівы дзённы блакіт
плешча ў шыбы, нібыта з цэбра;
спрытныя пальцы ўзразаюць скуру,

рассоўваюць рэбры,
выцягваюць вены, артэрыі,
сэрца драбняць на часцінкі,
перамяняюць клеткі крыві
ў нулі й адзінкі;

нулі разліваюцца пустатою —
падлогі ўжо не відаць;
адзінкі ў рады шыхтуюцца,
па дзевяць, па сем, па пяць, —

  і па-над вадкаю безданню
    яна прасцірае далонь,
  і чуйныя пальцы даюць каманду: „Агонь!" —

і выбухае рытмам сціснутае паветра,
і пустата пульсуе, дрыжыць,
бы трасуцца зямныя нетры,
і стрэлы звіняць, бы струны,
і лічбы гінуць — пяюць:
„...*Dominus Deus, exaudi nos...*"
„...*too far to reach for you...*"

  ...Грукат сышоў на рэха,
    далёкі звон перастаў...
  Ціха.
  Адно па грудзі
    плешчацца,
      шапаціць пустата.
  І адкрываюцца вусны,
    падбароддзе ўздымаецца дагары —

і непатрэбныя вокны разбівае бязгучны крык,
і цемра знешняя свішча ў пакой з-па-за ўсіх часоў,
нібы сапрэлага месяца чорны смуродны сок, —

цьмяных зданяў кружэннем у наркатычным шале,
шатамі ведзьмы,
крывёю дэманскага Грааля,
лёскатам марных малітваў да вечнапамерлага Бога…

    Пустата замяшчае сабою столь.
    Не застаецца нічога.
    Снежка ўздымаецца.
    Робіць павольны крок.
    Яе ў абдымкі ахвотна прымае змрок.
    Пустата яе ахінае,
    пустата яе праглынае —

                        нябачнымі

                                пальцамі

а яна   пустату

                                         незаўважна

                кранае

— і падымаецца ладны гуд
      з нябыту,
        вязкага, як багавінне,
і залатыя іскры бягуць
      уздоўж
        дакладна разлічаных ліній,
і палымнее, квітнее акордам
      пустэча,
        бы небасхіл на свята,
і бездань гукае бездань
        у пяць галасоў-вадаспадаў:

   „*Alito Istio Salia!*

Слава, хвала навекі!
      Слава святлу ды свету!
Духу ды лёсу,
      Полю ды лесу,
Дрэвам і рэйкам,
      Хвалям і хмарам,
Небу спрадвечнаму,
      Небу бязмежнаму,
Небу спачыламу,
      Небу паўсталаму —
Слава адвеку!
      Слава навек!

    Алілуя!"

Акрамя ўсіх памянёных вышэй чарадзеваў, кніга ды ейны аўтар удзячныя рэдактару Алесю Дуброўскаму, Андрэю Хадановічу, Вальжыне Морт, Вользе Гронскай, Крысціне Бандурынай, Антону Франдзішку Брылю, Віктару Слінку, Галіне Свірынай, Дар'і Бялькевіч, Георгію Барташу, менскай „Кніжнай Шафе", тбіліскай „Кропцы" і ўсім, хто слухаў гэтыя творы да публікацыі.

ЗМЕСТ

АДМАЎЛЕННЕ	3

I

ЛЯМПАЧКА	7
БЕЛЛІТ-2023	8
БАЙНЭТ-БЛЮЗ	10
З КАНДРАТА КАНАПЛІ	12
ПАРТАЛ	13
З УГОДКАВЫХ НАСТРОЯЎ	14
ВОСКРЕСЕНІЕ	15
КАВА	17
ЭМІГРАЦЫЯ	18

II

ПАМЯЦЬ	21
3 ЦАР. 19:11	22
ПА ВАДЗЕ	23
ХРОНІКА	24
АПАФАТЫКА	28
ВЫ	29
МАСЛЕНІЦА	31

III

АРХІПЕЛАГ	35
ЛУЖЫНА	37
ВЕЧАР	38
РАМАНТЫЗМ	39
ЗАВІРУХА	40
ФОТААЛЬБОМ	41
ТАНКА	42
ХОКУ	43
ЛУГ	44
ТРАМВАЙ	45

IV

МОРА	49
ВАТЫКАНСКІЯ ШАХМАТЫ	50
ДАМБРОЎКА	51
ДОЖДЖ НА ДЗЯДЫ	53
АДЫХОД	54
ТУРМА. СЦЕНЫ	55

ХІБА	56
ГУЛЬНЯ	57
МАРШРУТКА	59
МІСТЭРЫЯ	60

V

НЕБА	63
АНТЫЦЫКЛОН	64
КАПАЦЬ	65
FAKE	66
В####ДЗЕНЬ	67
КАЛЯНДАР	68
ВЯСНЯНКА–СЕРАБРАНКА	69
РУКІ	70
КАВА АСТАТНІХ ДЗЁН	71
ТАМ	73
АМАГЛЭБА, 1	74
ДАЛЁКАЯ ВОДМЕЛЬ	75
RE: BEGINNING	76
РАКА	77

ЛЁД

ЗЯЗЮЛЯ	81
ДЖУНГЛІ	81
ШТОРМ	82
АТРУТА	83
КАРТЫ	83
ЛІСЦЕ І СНЕГ	84
ТРАНСЛЯЦЫЯ	86
ПОЛЫМЯ	88
РАЗЛОМ	88
АПОШНЯЯ	89
НЕКАЛЫХАНКА	90
ЗАРОК	90
НОЧ	91
P. S.	93

ЯНА ПРАМАЎЛЯЕ

ЧАРАДЗЕВА	98
ДАРОСЛЫЯ	99
ШЛЯХ	101
ТРЫСНЁГ	103
Z	104
ПУСТАТА	105

Ілля Кульбіцкі нарадзіўся ў Менску ў 1982 годзе. Скончыў Беларускі дзяржаўны ўніверсітэт, паводле спецыяльнасці — праграміст. Пераможца й прызёр „Фэсту аднаго верша". Творы публікаваліся ў газеце „Літаратурная Беларусь" і інтэрнэт-часопісе „Taubin". Цяпер жыве ў Варшаве.

www.ingramcontent.com/pod-product-compliance
Lightning Source LLC
Chambersburg PA
CBHW072101110526
44590CB00018B/3266